AF495356

TEXTES PEHLVIS RELATIFS AU JUDAISME

DEUXIÈME PARTIE.

LA REINE SHASYAN DOKHT.

« Les villes de Shûs et de Shûstar furent bâties par Shasyân (?)
» Dôkht, femme de Yazdkart, fils de Shâhpûhr : elle était fille du
» *Rêshgalûtâ*, le Roi des Juifs, et fut mère de Bahrâm Gôr.

» La ville de Gai fut foulée aux pieds des éléphants par le
» maudit Alexander. Il y avait là une colonie de Juifs. Ils y furent
» établis sous le règne de Yazdkart, fils de Shâhpûhr, sur le
» désir de Dôkht, sa femme[1]. »

Ces lignes sont prises d'une énumération des principales villes de l'Iran, accompagnée de quelques détails historiques sur chacune d'elles, qui se trouve contenue dans un manuscrit unique, très ancien, connu sous le nom de *Shah Nameh Pehlvi*, et dont je dois communication à l'obligeance du savant Destour de Bombay, Jamaspji Minochihrji Jamasp Asana. Ces lignes sont le document historique le plus important que nous ayons rencontré jusqu'à présent dans la littérature pehlvie sur l'histoire des Juifs de Perse. Elles ont tous les caractères de l'authenticité historique, car elles concordent parfaitement avec une série de renseignements fournis d'autres sources.

[1] Shatrôstân (= Shahristân) Shûs u Shûstar Shasyân Dôkht nisââi Yazdkart Shahpûhrân kart, cîgûn bartâ i Rêshgalûtak Yahûtân Shah amci i Vahrâmi Gôr yahvûnt (folio 24 *b*).
Shatrôstân i Gai gujastak Alaksandaro pîlp... kart mânishnî Yahûtân tamman yahvûnt pun khûtâyê Yazdkarti Shahpûhrân min khvahishni Shasyân Dôkht kiash nasââ yahvûnt (folio 25 *b*).

2

I

Trois rois ont porté le nom de Yazdkart (Yazdegerd) :

Yazdkart I, qui règne de 399 à 420 ;

Yazdkart II, qui règne de 438 à 457 ;

Yazdkart III, qui règne de 632 à 636 et qui est le dernier roi de Perse.

Notre Yazdkart est Yazdkart I ; car Yazdkart I (399-420) fut le père de Bahrâm Gôr (420-438). Les sources arabo-persanes ne sont pas d'accord sur le nom du père de Yazdkart, qui est Bahrâm Kirmânshâh, selon les uns, Shâhpûhr (Sapor) selon les autres. Voici, au surplus, la série de ses prédécesseurs, à partir de Shâhpûhr II, le grand Sapor, le vainqueur de Valérien :

309-379 Shâhpûhr (Sapor) II, fils d'Hormizd II.
379-383 Ardshîr II, frère de Sapor II.
383-388 Shâhpûhr III, fils de Sapor II.
388-399 Bahrâm IV Kirmânshâh, fils ou frère de Shâhpûhr III.
399-420 Yazdkart I, fils ou frère de Bahrâm IV.
420-438 Bahrâm Gôr.

Notre texte donne raison aux historiens qui font Yazdkart fils de Shâhpûhr, et non de Bahrâm, mais sans décider s'il est fils du grand Shâhpûhr ou de Shâhpûhr III. Tabari seul, le plus ancien de ces historiens, fait de lui un fils du grand Shâhpûhr. Or Shâhpûhr II, couronné roi avant sa naissance, a vécu et régné soixante-dix ans ; il s'est écoulé vingt ans entre sa mort et l'avènement de Yazdkart ; la distance de temps n'est pas telle que Yazdkart n'ait pu naître dans le dernier tiers du règne de Shâhpûhr II. Nous verrons plus loin qu'il ne serait pas sans intérêt de savoir si la donnée de Tabari est exacte et si Yazdkart est en effet le fils de Shâhpûhr II.

Yazdkart a laissé une mauvaise réputation chez les Perses : il est connu sous le surnom de « Yazdegerd le pécheur » (*Yazdegerd bazagar ;* Yazdegerd *dafr* [1]). La vieille chronique qui, pour tous

[1] Il ne faut point corriger *dafr* en *dabz*, comme le propose M. Nœldeke (*obscurum per obscurius ;* Tabari, p. 72, n. 4) : la lecture *dafr* ou *dapr* est donnée d'une façon authentique par le *Chah Nameh* pehlvi : Shatrôstân î Hamdân Yazdkart î Shâhpûhrân kart manshân Yazdkart î dafr (dapr) karitûnand : la ville d'Hamadân fut fondée par Yazdkart, fils de Shâhpûhr, que l'on appelle Yazdkart dafr (fol. 22 *b*). Il s'agit naturellement d'un nouvel Hamadân ; cf. plus bas p. 26.

les rois Sassanides, même après le récit des plus abominables cruautés, n'a que des paroles d'admiration attendrie, sort de sa courtisanerie banale et prend un accent haineux et amer au nom de Yazdkart, qui est pour elle le tyran par excellence. Cependant, dans le portrait, à la fois chargé et vague qu'elle trace de lui, percent des traits qui prouvent que ce n'était pas un prince ordinaire.

« On dit qu'il était dur, tyrannique, chargé de vices. Un des pires, dit-on, était qu'il n'appliquait pas de la façon qu'il aurait fallu son intelligence pénétrante, sa belle instruction, ses connaissances variées, mais qu'il était adonné d'une façon extraordinaire à des choses mauvaises et appliquait tout ce qu'il avait de talent à des ruses et des artifices pervers, étant expert dans toutes les œuvres de mal et y mettant toute sa joie ; enfin, qu'il estimait peu la science et la culture chez les autres, les méprisait et les tenait pour vices, tout en se vantant devant les gens de ce qu'il en possédait lui-même. De plus, il était dur, méchant et de penchants mauvais. Sa dureté et sa rigueur allaient si loin qu'il regardait la plus petite faute comme grande, la moindre peccadille comme importante. Personne, en si bons termes qu'il fût avec lui, ne pouvait intercéder devant lui pour qui lui avait manqué. Il était toujours plein de soupçons envers les hommes et ne se fiait en rien à personne. Il ne récompensait jamais aucun service et faisait valoir comme la plus grande des choses la moindre faveur qu'il faisait à personne. Si jamais homme osait lui parler en faveur d'un autre, il disait aussitôt : « Combien t'a payé celui pour qui tu me parles, ou combien as-tu déjà reçu ? » Aussi personne n'osait jamais lui parler de choses de ce genre, à l'exception des ambassadeurs qui lui étaient envoyés par les princes étrangers. Ses sujets ne pouvaient se défendre de sa violence, de sa méchanceté et de toutes les mauvaises qualités qui se réunissaient en lui, qu'en se conformant exactement aux bonnes lois et aux règles de conduite des rois antérieurs [1]. »

Le lecteur voit aisément quelle admirable peinture d'un roi idéal on pourrait tirer de ce passage : d'un roi, ami de la science, dans un pays d'ignorance et de superstition, élevé au-dessus des préjugés qui l'entourent, pénétré d'un mépris profond pour la bassesse et la corruption des hommes, tels qu'ils apparaissent dans une cour royale, essayant de relever les mœurs par l'implacable sévérité du justicier. Ce tableau serait peut-être aussi outré que

[1] D'après la traduction de M. Nœldeke, *Geschichte der Perser und Araber zur Zeit der Sasaniden*, p. 72.

l'autre et aussi faux : la cruauté naturelle d'un despote d'Orient peut se donner jeu d'une façon aussi complète et aussi odieuse sous le couvert de la libre pensée et de l'austérité que sous celui de l'orthodoxie et de la volupté [1]. Mais, quoi qu'il en soit, il est clair que pour s'attirer des haines formulées en ces termes, il fallait que Yazdegerd fût sorti d'une façon bien claire de la routine ordinaire d'un tyran persan et que ce n'était pas un Sassanide comme les autres.

Ainsi que l'observe le traducteur de Tabari, le portrait traditionnel de Yazdegerd trahit, sans aucun doute, une rancune sacerdotale. Aussi ne faut-il pas s'étonner de voir les chroniqueurs chrétiens parler en tout autres termes de Yazdegerd. Un document chrétien contemporain le nomme « le bon et compatissant roi Yazdeger, le chrétien, béni entre les rois, dont la mémoire soit bénie et dont la vie puisse dans l'avenir être plus belle encore que dans le passé ; qui chaque jour a fait le bien aux pauvres et aux malheureux [2] ». Yazdegerd avait racheté les prisonniers romains que les Huns avaient jetés sur le marché d'esclaves de la Perse. Peut-être y avait-il dans cette générosité quelque vue politique qui nous échappe ; mais c'était une générosité doublement remarquable, s'exerçant sur des étrangers à la fois de nationalité et de religion : les frères de Matha ne rachetaient que des Chrétiens. Il n'en fallait pas tant pour quelques-uns en fissent un Chrétien. Ce qu'il y a de sûr, c'est qu'il laissait les Chrétiens se réunir, pour la première fois, en synode général à Séleucie, et cela sous la présidence d'un évêque sujet de Byzance (février 410). Il laissait le Catholicos Jabhallâhâ relever l'église de Ktésiphon. Il employait sans scrupule des évêques à des missions diplomatiques, même à l'intérieur. Socrate (VII, 8) conte avec attendrissement comment Maruthas, évêque de Mésopotamie, avait gagné son cœur en le délivrant par ses prières d'un mal de tête chronique dont les Mages n'avaient pu le guérir, et comment le saint évêque tourna à leur confusion les artifices que les Mages imaginaient pour frapper l'imagination du roi et ébranler son crédit et qui

[1] Caractère qui n'est pas rare en Orient. Comparer le portrait de l'Emyr Nyzam, le *vertueux* vizir du présent Shah, dans les premières années de son règne : « Le rare mérite que l'on ne pouvait méconnaître dans l'Emyr Nyzam s'alliait à une rudesse de manières peu propre à faire aimer la vertu. De son côté, cet homme si rigide avait certains défauts qui irritaient les esprits. Sa sévérité s'appuyait sur un fond de cruauté native ; sa dureté à jeter à la face de tout le monde des accusations d'ailleurs souvent méritées, résultait d'une insoutenable satisfaction de lui-même que rien ne pouvait égaler. C'était un de ces orgueils furieux et délirants comme on ne les connaît guère dans nos climats, un orgueil d'Assuérus et d'Aman... » Comte de Gobineau, *Trois ans en Asie*, 241).

[2] *Anecdota* de Land, cité par Nœldeke, *Tabari*, p. 75 note.

n'aboutirent qu'à les faire décimer par le roi irrité. Peu s'en fallut que Yazdegerd ne se fît chrétien devant un nouveau miracle opéré par Maruthas, en collaboration avec Abdas, évêque de Perse : à eux deux, à force de prières et de jeûnes, ils avaient chassé un démon qui possédait le fils du roi. Mais la mort prévint la conversion de Yazdegerd.

Cependant le roi n'avait pas tellement aliéné son indépendance aux Chrétiens et il n'entendait pas plus être l'instrument de leur clergé que celui des Mages. Vers la fin de son règne, les Chrétiens, croyant leur heure venue, remuèrent et voulurent jouer les Polyeucte. L'évêque d'Ahvâz, Abdas, le collaborateur en miracles de Maruthas, incendia un temple de feu : Yazdegerd lui donna l'ordre de le rebâtir : sur le refus d'Abdas, il menaça de mettre le feu à toutes les églises de Perse et une persécution commença. C'était en 414, l'année même où la populace d'Alexandrie égorgeait Hypatia. Il y eut un martyr, Abdas, et nombre d'apostasies. L'un des martyrs les plus célèbres du règne suivant, Jacques « le découpé » (Jacobus Intercisus), avait abjuré sous Yazdegerd.

Ces persécutions, qui étaient plutôt des mesures d'ordre public que des persécutions religieuses proprement dites, ne semblent pas avoir été très violentes sous Yazdegerd — elles continuèrent, cette fois, avec fureur, sous Bahrâm. — L'opinion chrétienne modérée n'approuvait d'ailleurs point Abdas. Théodoret (v, 38), en admirant le martyre d'Abdas, qui refusa de rebâtir les pyrées qu'il avait détruits — car bâtir un pyrée, c'était autant qu'adorer le feu —, le blâme de les avoir détruits : saint Paul, dit-il, quand il vit Athènes pleine d'idoles, n'en abattit aucune et se contenta d'éclairer les idolâtres. Aussi l'on comprend que les sévérités de Yazdegerd n'aient pas suffi à lui ramener les Mages. Ils sentaient bien que ce n'était pas leur esprit qui animait la répression.

Un roi si mal pensant devait mal finir. « Quand les grands et les nobles virent que son injustice ne faisait qu'empirer, ils se plaignirent à Dieu de l'oppression, s'humilièrent devant le Seigneur et le supplièrent de les délivrer rapidement. Or le roi, raconte-t-on, étant en Hyrcanie, vit un jour s'avancer devant son château un cheval si beau qu'il n'avait jamais vu le pareil. Le cheval vint et s'arrêta devant sa porte. Les gens admiraient, car il était tout à fait extraordinaire. Yazdegerd donna ordre de le seller, de le brider et de le lui amener : mais quelque peine que se donnassent les écuyers, il ne se laissait manier par aucun d'eux. On annonça au roi que le cheval résistait ; alors il se rendit en personne près de lui, le brida de sa main, lui jeta une housse sur le dos, mit une selle par dessus, et serra les courroies sans que le cheval bougeât seulement. Mais quand il lui leva la queue, pour passer en dessous la croupière, le cheval le frappa du sabot en plein cœur, le tua raide mort et disparut. Alors les sujets délivrés dirent : « Dieu a fait cela pour nous dans sa miséricorde [1]. »

II

Les sources juives ne sont pas moins favorables à Yazdegerd que les sources chrétiennes. Elles le montrent en rapports cordiaux avec les Juifs : aux jours de grande réception, les trois représentants du judaïsme babylonien, R. Ashi pour Sura, Mar Zutra pour Pumbadita, Amemar pour Nehardea, étaient invités à sa cour. On lui prêtait un langage presque judaïsant : « J'étais une fois devant Yazdegerd, — conte Houna, fils de Natan ; — il m'a arrangé ma ceinture et l'a placée plus bas qu'elle n'était en me disant : Vous autres Juifs, vous êtes une nation de prêtres et un peuple saint [2] ». Il est probable que Houna ne comprenait pas toute la pensée de Yazdegerd : ce n'était pas un hommage de gentil s'inclinant devant les représentants d'une foi supérieure : c'était la proclamation de l'égalité de deux religions, une assimilation hardie du *qadosh* et de l'*ashavan*. « Les Juifs sont un peuple saint », c'est-à-dire sont un peuple d'*ashavan* ; car le zend *ashavan*, l'épithète que doit mériter tout vrai fidèle, répond exactement pour le sens et l'étendue d'idéal à l'hébreu *qadosh* ; les Juifs sont aussi purs que le meilleur Zoroastrien ; ce sont des Zoroastriens qui n'en ont pas le nom : leur ceinture est donc un *kosti*, le symbole sacré qui ne quitte jamais le fidèle de la vraie religion, et il convient qu'ils l'arrangent à la façon d'un *Beh Dîn*, c'est-à-dire exactement entre la partie du corps qui appartient à Ormazd et celle qui appartient à Ahriman [3].

Notre texte pehlvi prend à présent tout le caractère d'un texte historique authentique. Il n'y avait rien de bien étrange que l'admirateur du peuple juif, l'ami de Houna, mît la couronne sur la tête d'une juive. Cette juive, d'ailleurs, étant la fille du Rêsh Galûtâ, était la première des jeunes filles juives : le Rêsh Galûtâ, ou chef de la captivité, était un des grands personnages de l'em-

[1] *Tabari*, tr. Nœldeke, p. 77.
[2] Graetz, *Histoire des Juifs*, 2e éd., IV, 382.
[3] *Gujastak Abâlish*, texte pehlvi publié et traduit par A. Barthélemy, p. 38 ; cf. Israël Lévi, *Revue des Études juives*, t. XV, p. 112.

pire perse : il occupait à peu près le rang que le patriarche grec ou le patriarche arménien occupent dans la hiérarchie ottomane : chef de nation, c'était une sorte de vassal de la couronne. Il n'était pas à la nomination du Roi des Rois ; le monarque ne faisait que le confirmer dans son titre royal héréditaire, étant fils de David, ou devant l'être [1]. Il était le chef moral, non seulement des Juifs de l'Empire, mais de tous les Juifs dispersés dans tout l'univers.

Il est regrettable que notre texte, en donnant le nom de la reine, dont la lecture est malheureusement douteuse, ne donne pas le nom de son père. Peut-être était-ce le Houna, fils de Natan, avec qui nous venons de faire connaissance : car un Exilarque de ce nom régna sur la communauté juive de 410 à 448, par suite durant les dix dernières années de Yazdegerd. Il est vrai que Bahrâm Gôr naquit dans la huitième année de Yazdegerd, c'est-à-dire en 408, à une époque où Houna n'était pas encore Rêsh Galûtâ. Peut-être le texte lui donne-t-il ce titre par avance, ou s'agit-il de son prédécesseur Kahana, qui régna de 390 à 410 [2].

Serait-ce à Yazdegerd que songeait le sage Sîn essayant de prémunir les princes contre les dangers du Judaïsme : « Comme la doctrine du Mazdéisme fait prospérer le monde et que celle du judaïsme le fait périr, il faut que les princes gouvernent suivant la loi pure du Mazdéisme et se tiennent éloignés du Judaïsme [3]. » A tout le moins, cet exemple prouve que le conseil avait un sens. Yazdegerd trouvait d'ailleurs dans ses souvenirs de famille directs un exemple qui peut-être ne fut pas sans influence sur son libéralisme religieux. Sa grand'mère, la mère de Sapor, fut, si l'on en croit le Talmud, une amie et une admiratrice du peuple juif. C'est la fameuse Ifrâ Hormuzd, la protectrice de Raba, qui sauvegarda souvent les Juifs contre les violences de Sapor : « N'irrite pas les Juifs, lui disait-elle ; tout ce qu'ils demandent, Dieu le leur accorde ». Yazdegerd ne vit point sa grand'mère : la longueur du règne de Sapor rend presque impossible qu'il l'ait connue, encore moins qu'elle ait eu le temps d'avoir une influence sur lui ; mais il entendit parler d'elle, sans doute, et les Rabbins durent souvent lui rappeler ce qu'Ifrâ Hormuzd avait été pour eux.

[1] Il remontait à David, par Zerubabel. Il conservait dans l'imagination populaire un prestige légendaire. Pour être nommé Rêsh Galûtâ, il fallait être comme Bahman *Dirâzdast*, l'Artaxerxès longue-main ; il fallait avoir les bras assez longs pour atteindre les genoux, étant debout. Ainsi en fut-il plus tard d'Ali et des Imams (Albîrûnî, *Chronology*, tr. Sachau, p. 69).

[2] Dr N. Brüll, *Jahrbücher für Jüdische Geschichte und Literatur*, t. II, p. 96.

[3] Voir la première partie de cette étude, *Revue*, t. XVIII, p. 3, note 2.

Une des femmes de Sapor II, et celle qui semble avoir été sa femme en titre, car les textes lui donnent le nom de reine, fut également judaïsante, si l'on en croit les Actes des Martyrs, et ce serait à son instigation qu'aurait éclaté la troisième persécution contre les Chrétiens, celle de 341. « Dans ce même temps (c'est-à-dire après le martyre de saint Siméon), disent les Actes syriaques des Martyrs de Perse, comme si c'eût été fait par le diable, la reine tomba malade ; et comme l'esprit de celle-ci était porté vers les Juifs, les ennemis de la croix, ceux-ci lui dirent par une vilaine calomnie, selon leur habitude : les sœurs de Siméon t'ont jeté un sort, parce que leur frère a été tué [1]. » Sainte Tharba, sa sœur et sa servante, furent mises à mort et la reine recouvra la santé en passant entre les cadavres mis en pièces. Étant donnée la polygamie persane et la longue vie de Sapor II, il n'est guère possible d'affirmer que Yazdegerd I fut le fils de la reine judaïsante et de voir dans son mariage avec la fille du chef de la nation juive une action directe de sa mère : mais il ressort suffisamment et des récits du Talmud sur la reine Ifra, et des récits syriaques sur les persécutions de la reine judaïsante, quelle que soit la valeur historique de ces récits, que l'influence juive était puissante dans le harem de Sapor II et que Yazdegerd put la trouver à son berceau.

Il semble difficile, tout d'abord, de retrouver dans l'histoire ou plutôt dans la légende de Bahrâm Gôr les traces de son origine demi-juive. Bahrâm Gôr, le fougueux chasseur, est, à l'inverse de son père, le héros favori de la légende populaire. Comme les enfants de Yazdegerd, le roi maudit, mouraient tous avant l'âge, Bahrâm est élevé dans le désert parmi les Bédouins. Il remplit le désert du bruit de ses exploits de chasse, et à la mort de son père conquiert le trône qui lui est disputé en allant chercher la couronne entre deux lions. Il va déguisé courir les aventures dans l'Inde, en ramène la fille du roi et une armée de dix mille musi-

[1] Je dois cette traduction à l'obligeance de M. Rubens Duval. — *L'histoire ecclésiastique de Sozomène*, II, 12, a la même légende : la reine étant tombée malade, conte-t-il, après l'exécution de l'évêque Syméon, on arrêta sa sœur Tarbula (Ταρβούλα) avec une servante, vierge comme elle, et une autre sœur qui était veuve : c'était sur la délation des Juifs qui les accusaient d'avoir jeté un maléfice sur la reine pour venger la mort de Syméon. « La reine, selon la disposition des malades qui prêtent volontiers l'oreille aux suggestions les plus abominables, crut à la délation, surtout qu'elle venait des Juifs ; car elle partageait leurs croyances, vivait à la façon juive (ἐπεὶ τὰ αὐτῶν ἐφρόνει, καὶ Ἰουδαΐως ἐβιώ) et les croyait sincères et dévoués à son bien. Par conséquent, les Mages, saisissant Tarboula et les deux autres, les mettent à mort, les scient en deux et, pour chasser la maladie, font passer la reine entre les pieux qui portaient leurs membres. »

ciens. Ses amours inspirent vingt poètes : la poésie persane même naît de ses amours avec la belle Dil-ârâm [1].

Aucune des sources musulmanes ne connaît son origine juive. Un Juif paraît bien dans sa légende : mais c'est le riche, avare et dur, Baraham, qui lui refuse l'hospitalité et qu'il dépouille de ses richesses en faveur du pauvre et généreux porteur d'eau Lembek [2].

Peut-être serait-il trop artificiel de voir dans cet épisode une protestation de la légende contre la tradition historique de son origine juive. Mais est-ce par hasard si dans le discours que lui fait tenir Firdousi, il se rattache à une reine *Schémiran* : « Depuis Schapour, fils de Bahram, jusqu'à Ardeschir, tous les rois, vieux et jeunes, sont de père en fils mes ancêtres et mes guides dans la foi et la conduite, et, du côté de ma mère, je descends de la reine Schémiran, je suis de sa race et son égal en intelligence [3] ? » Or Schémiran est le nom persan de Sémiramis ; mais c'est aussi, avant tout, le nom de la Sémiramis persane, la reine Hômâi, la grand'mère légendaire du dernier Darius, laquelle est d'origine juive :

« Hômâi Cihrâzâd, ou Shamîrân, fille de Bahman, résidait dans la ville de Balkh. Elle envoya ses troupes subjuguer la Grèce, d'où elles ramenèrent de nombreux captifs, parmi eux des artistes excellents, entre autres des architectes à qui elle fit ériger les monuments que l'on appelle palais d'Istakhar (Persépolis) [4]. » Or cette Sémiramis persane a du sang juif : car son père Bahman l'a eue de la juive Shahrâzâd [5] qu'il avait épousée et qui était une des captives amenées de Jérusalem par Bokhtnasr (Nabuchodnosor) [6]. Selon une autre version, qui conduit d'ailleurs au même résultat, c'est Bahman même qui était d'origine juive, étant fils de la juive Astourieh (Esther), de la race de Saül.

Bahrâm Gôr, en se rattachant à Schemiran, c'est-à-dire à Hûmâi Cihrâzâd, proclame ainsi indirectement son origine juive et se trouve confirmer le témoignage direct du texte pehlvi, qui lui donne pour mère l'héritière du sang royal de Juda.

Nous verrons plus loin les conséquences que l'on peut tirer de ces faits pour la formation d'une partie des conceptions historiques des anciens chroniqueurs perso-arabes.

[1] J. Darmesteter, *Les origines de la poésie persane*, p. 1.
[2] *Le livre des Rois*, tr. Mohl, V, 449 sq.
[3] *Ibid.*, 433.
[4] Hamzah d'Ispahan, pp. 38 (texte), 27 (traduction).
[5] Appelée quelquefois *Dînâzâd* (Masoudi, II, 122).
[6] Masoudi, II, 129, 123. Voir l'article suivant.

III

Revenons à la reine Shasyân et à ses œuvres, la construction de Shûs et de Shûster et l'établissement à Gai d'une colonie juive.

La nouvelle Astourieh devait avoir une prédilection particulière pour Suse (Shus), la capitale de la reine d'Assuérus. Elle ne bâtit pas la ville de Suse, qui était plus ancienne que la plus ancienne dynastie perse ; mais elle put la rebâtir, car elle avait été détruite de nouveau, un demi-siècle auparavant, par le roi Sapor qui, pour châtier une rébellion, avait fait massacrer toute la population et écraser la ville sous les pieds de trois cents éléphants [1]. Peut-être, plus simplement encore, elle y bâtit. Quand un géographe persan dit que telle ville a été bâtie par tel roi, cela signifie seulement que ce roi y a fait de grandes constructions. De là les innombrables concurrents qui se présentent pour chaque ville au titre de fondateur. Imaginez dans quelques siècles les chroniqueurs français faisant fonder Paris les uns par Philippe-Auguste, les autres par le baron Haussmann. C'est ainsi que dans un autre passage, le Shah Nameh pehlvi fait bâtir par notre même Yazdegerd Hamadan, dont Hérodote contait déjà la construction par Déjocés. Suse est en ruines : ce sont les fameuses ruines récemment explorées par la mission Dieulafoy. L'autre ville, dont on attribue la fondation à la reine Shasyân, Shûster, est plus récente que Suse et subsiste encore : mais elle est antérieure, elle aussi, à la reine juive ; car Sapor II y fit bâtir par des prisonniers romains une digue gigantesque, qui subsiste encore [2].

La colonie juive de Gai est mentionnée par les géographes arabes et persans.

Gai est le *Djei* des géographes ; c'est un des noms anciens

[1] Nœldeke, *Tabari*, p. 58, note 1. La tradition postérieure, comme nous l'avons vu plus haut, reporte à Alexandre la gloire de cet exploit.

[2] Mentionnons, pour la curiosité de la chose, l'étymologie fantaisiste donnée par les Arabes des noms de Suse et de Shûster : « *Shoush*, dit Hamzah d'Ispahan, est la forme arabe donnée au nom de *Sous*... Ce mot signifie en persan une chose agréable, bonne, aimable, et la terminaison *ter* répond à la forme *af'al* (comparatif et superlatif : Yaqout, *Dictionnaire géographique de la Perse*, tr. Barbier de Meynard, p. 136). *Shoush* est en réalité le débris du vieux nom susien ; *Shoushanq*, et *Shûstar* signifie « situé dans la direction de Suse » (comparer le zend *ushas-tara*, dans la direction de l'aurore, oriental ; *Mâzandarân*, dans la situation du *Mâzana*) : Shûstar est situé à quelques milles au N.-E. de Suse. Voir la description de la ville dans le *Voyage en Perse, Susiane et Chaldée*, de Mme Jane Dieulafoy, 691 sq.

d'Ispahan, ou plutôt le nom d'une partie ancienne d'Ispahan. « Ispahan, dit Yaqout, était anciennement la ville connue sous le nom de Djey, sur l'emplacement de laquelle s'élève maintenant le Scheristân, ou ville (medîna). Bakht-en-nasr, après la prise de Jérusalem, transporta en ce lieu tous les prisonniers juifs. Ceux-ci construisirent, auprès de l'antique ville de Djey, un quartier qu'ils habitèrent et qui reçut, pour cette raison, le nom de *Yahoudieh*, la juiverie. Après un nombre considérable d'années, Djey fut ruiné et il n'en resta qu'une petite portion, tandis que la Yahoudieh s'agrandit et devint la ville moderne d'Ispahan. Mamour ben Bâdân, en rapportant ces faits, ajoute : « Si donc l'on recherche l'origine des plus nobles familles parmi les grands et les riches marchands, il est impossible qu'on ne trouve pas comme souche de ces familles quelque idolâtre ou quelque juif. » « Voici, dit-il ailleurs [2], ce qu'on lit dans les vieilles chroniques : « Lorsque les Juifs sortirent de Jérusalem, sous le règne Bokht-en-nasr, et furent exilés de l'Iraq, ils emportèrent avec eux de la terre et de l'eau provenant de Jérusalem. Toutes les fois qu'ils s'arrêtaient dans une ville ou dans une bourgade, ils en pesaient la terre et l'eau. Arrivés à Ispahan, ils campèrent dans un lieu nommé en hébreu *Djira* (גורה ?), ce qui signifie descendez [3] (*enzelû*). Ils en pesèrent l'eau et la terre, suivant leur coutume, et trouvèrent qu'elles avaient exactement le même poids que la terre et l'eau de leur patrie. Rassurés par cet heureux présage, ils s'établirent dans cet endroit, y bâtirent une ville, et leur race s'y multiplia. Cette ville reçut alors le nom d'*el Yahoudieh* (la juiverie). Elle était située à côté de l'ancienne ville d'Ispahan, nommée Djey, et ces deux quartiers se touchaient ; ils sont séparés maintenant par un espace couvert de ruines et le quartier de Djey forme un faubourg isolé dont la plus grande partie est ruinée. La ville moderne d'Ispahan occupe une portion de l'emplacement de Djey [4]. »

Sylvestre de Sacy avait déjà fait remarquer que la colonie juive d'Ispahan doit rabattre de ces hautes prétentions d'antiquité. Un passage de Moïse de Chorène nous apprend que l'établissement des Juifs à Ispahan est postérieur à la conquête de l'Arménie par Sapor II. C'est après la prise d'Artisitas qu'il déporta à Ispahan les Juifs de Van [5] : ceux-ci avaient été établis du

[1] Trad. Barbier de Meynard, p. 45. Cf. l'article *Djey* (p. 188).
[2] A l'article *Yahoudieh*, p. 613.
[3] Etablissez-vous ici.
[4] Cf. Chardin, éd. Langlès, VIII.
[5] Moïse, III, 35. Voici la traduction littérale du passage, que je dois à l'obligeance

temps du roi Tigrane, quarante ans avant le Christ, par le général arménien Barzafran qui les enleva de Palestine, de la ville de Maschéra [1].

De ces deux données de l'historien arménien, l'une sur la déportation des Juifs d'Arménie à Ispahan, l'autre sur l'origine même de ces Juifs d'Arménie, le second n'a nulle valeur. Le récit de Moïse est, comme nous fait observer M. Carrière, une *arménisation* hardie du récit de Joseph sur l'expédition de Pacore et des Parthes en Palestine au temps d'Hyrcan. Il a transformé purement et simplement Barzafarnès, le lieutenant de Pacore, en général arménien, et Pacore même en vassal de Tigrane, à la plus grande gloire de l'Arménie. Il ne savait comment expliquer l'origine des Juifs d'Arménie et ne trouvait rien de plus simple que de mettre le pavillon arménien à l'expédition des Parthes, ajoutant de son cru la déportation de Maschéra. C'est, on sait, la façon ordinaire dont Moïse de Chorène traite les parties anciennes de l'histoire d'Arménie. L'autre donnée, sur la déportation des Juifs d'Arménie en Perse, porte au contraire toutes les apparences d'une donnée historique : les événements dont il s'agit appartiennent à une période pleinement historique et la fantaisie n'avait ici nul objet. Il est donc probable qu'ici encore il faut interpréter et restreindre l'expression trop large de notre texte. La reine juive n'a pas créé la colonie juive d'Ispahan : elle était déjà là depuis un demi-siècle : mais il est probable que sous ses auspices elle prit des développements qu'elle n'avait pas eus auparavant et tels qu'elle sembla en être la créatrice.

L'histoire de cette colonie peut se suivre jusqu'à nos jours. Quand Benjamin de Tudèle visita Ispahan, vers 1170, environ cinquante ans avant l'époque où écrivait Yaqout, il y avait trouvé quinze mille Juifs [2]. Ils y étaient si nombreux et si influents que les Musulmans disaient que c'était parmi eux que devait paraître

de M. Carrière : « En ce temps là arrive l'ordre de Chapouh de raser les fortifications » de toutes les villes [d'Arménie] et d'emmener en captivité les Juifs ...qui habitaient » Van [dans le canton] de Tosp où ils avaient été amenés par Barzaphran Reschtouni, au temps de Tigrane ; ceux-ci, Chapouh les établit à Aspahan (= Ispahan). » Tosp est la Thospitis de Ptolémée, canton situé sur la rive orientale du lac Van (Thospitis lacus), dans la province arménienne du Vaspourakan. (Note de M. Carrière.)

[1] Toute cette histoire est fabriquée d'après Josèphe, *Antiq.*, XIV, XIII, et *Bell. Jud.*, I, XIII (Carrière).

[2] Ch. XV ; éd. L'Empereur, p. 96. « De là il ya sept journées à Ispahan ; c'est la grande ville, la capitale du royaume. Elle s'étend sur douze milles, et il y a là environ quinze mille Israélites. Ils ont pour chef Sar Shalom, que le Chef de la Captivité a préposé sur eux et sur ceux de toutes les villes de Perse. »

Daddjal, l'Antechrist : on montrait sur la place de la Yahoudieh l'endroit d'où il devait sortir [1].

La colonie juive d'Ispahan est à présent bien réduite : elle ne dépasse pas trois cents familles [2].

LA PRISE DE JÉRUSALEM ET LE SYNCRÉTISME JUDÉO-PERSAN

Le livre du Minokhired, énumérant les mérites de chacun des rois (légendaires) de la Perse ancienne, arrivé à Lohrasp, dit :

« Et les mérites de Lohrasp furent ceux-ci : Qu'il exerça la » royauté vertueusement, qu'il se montra fidèle envers Dieu, » qu'il rasa la Jérusalem des Juifs, détruisit le peuple juif et le » dispersa. »

Ce Lohrasp, successeur du roi Khosrav, est, dans la légende zoroastrienne, le père de Gushtâsp, sous qui Zoroastre prêche sa religion. On peut s'étonner d'abord de voir la tradition persane revendiquer pour la Perse la conquête de Jérusalem. Mais étant donné le principe de la souveraineté universelle de la Perse, toutes les grandes choses et tous les grands noms devaient aboutir à elle comme à leur source. Le même syncrétisme qui, dans l'ordre religieux, aboutit en Grèce et à Rome à la fusion des dieux de toutes les grandes religions, des Jupiter, des Zeus et des Sérapis ; des Vénus, des Aphrodite et des Astarté ; des Apollon et

[1] Moqadessi (*Revue des Études juives*, 1886, XII, 259, note). — Ispahan est encore aujourd'hui le siège caché de l'Antéchrist. Il y a quelques années, étant à Constantinople, le meilleur lettré persan de la ville, Habib d'Ispahan, me conduisit dans un café persan et me montrant le propriétaire, me dit devant lui, en forme de plaisanterie : « Défiez-vous de cet homme, le puits du Deddjal est devant sa maison à Ispahan ». L'Ispahanais protesta vivement et s'écria : « Il n'en est rien, le puits du Deddjal est à plus d'un quart d'heure de chez moi. » Il existait au moyen âge (Makrizi, *Chrestomathie arabe* de Sylvestre de Sacy, I, 307) une secte de Juifs nommés Ispahaniens, et leur maître, Abou Mousa Ispahani, « qui s'arrogeait la qualité de prophète, voulut faire croire qu'il était monté au ciel, que Dieu lui avait touché la tête avec la main, qu'il avait vu Mahomet et qu'il avait cru en lui ; les Juifs d'Ispahan disent que c'est lui qui est le *Daddjal* (l'Antéchrist), et qu'il paraîtra dans leur pays ».

[2] Renseignement fourni par M. Isidore Loeb.

[3] u Urîshalîm i Jahûtân brâ khafrûnt u Jahûtân vashoft u parâgandak kart (*Minokhired pehlvi*, ch. XXVII ; éd. Andreas). Cette ligne manque dans la transcription pazende du Minokhired, mais cette lacune ne prouve pas contre l'authenticité.

des Mithra ; dans l'ordre historique aboutit à l'assimilation ou au moins à la subordination des grands personnages historiques. Le grand roi aux pouvoirs surnaturels de la légende juive, Salomon, s'assimila ainsi à Jemshid ; Kei Kaous, révolté contre Dieu, devint un autre nom de Nemrod[1]. Une grande cité, comme Jérusalem, dont la gloire était si retentissante dans la légende juive et musulmane, devait être tombée sous des mains perses. On imagina dès lors que Sennachérib, ou Sanjarib, était le lieutenant de Lohrasp dans l'Irak, qu'il l'avait envoyé contre Jérusalem, mais qu'il avait été repoussé ; que là-dessus Lohrasp l'avait remplacé par Nabuchodnosor ou Bokhtnasar, lequel avait pris Jérusalem, l'avait détruite et avait emmené les Juifs captifs en Orient. Lohrasp avait épousé une des captives, Dînâzâd, et en avait eu Gûshtâsp, lequel, en faveur de sa mère, avait disgracié Nabuchodnosor, et avait nommé à sa place un général, nommé Koresh (Cyrus), avec ordre de renvoyer les Juifs en Palestine et de leur donner un roi de leur ancienne maison royale.

Ce syncrétisme fantaisiste paraît avec beaucoup de variantes dans le détail, dans les premiers historiens arabes, ceux du IVe siècle de l'Hégire, Tabari, Masoudi, Hamzah d'Ispahan[2]. Mais il appartient déjà, sans doute, à l'époque Sassanide, si, comme on le croit, le Minokhired appartient à cette période, car la ligne que nous en avons citée au début de cet article en suppose l'existence. Il se serait donc formé avant la conquête arabe et avant que l'Islam eût jeté dans la Perse toute la tradition biblique, telle du moins qu'elle paraît dans sa forme arabe. Ce syncrétisme se serait formé du rapprochement direct de la tradition juive et de la tradition persane, sans intermédiaire étranger.

Dans ces synthèses hardies qui jetaient l'ordre dans le chaos discordant des diverses traditions nationales, le point de départ était l'assimilation ou la subordination de deux personnages ou de deux événements offrant dans leur légende quelque point d'attache.

Imaginons à présent un docteur juif et un historiographe persan échangeant leurs idées sur l'histoire ancienne de leur nation.

Nous avons été conquis, dit le Juif, par Nabuchodnosor, roi de Babylone, emmenés captifs à Babylone et délivrés soixante-dix ans plus tard par Cyrus, votre grand roi. Il conte aussi l'histoire de la juive Esther que le roi Assuérus a fait monter sur le trône.

Le Perse sourit. Il sait bien qu'il n'y a jamais eu de roi de

[1] J. Darmesteter, *La flèche de Nemrod* (Journal asiatique, 1886).

[2] Tabari, tr. Zotenberg, I, 488-503 ; Masoudi, tr. Barbier de Meynard, II, 120-128.

Babylone nommé Bokhtnasar; s'il avait jamais existé, cela se saurait, et les Annales du Livre des Rois en parleraient : il est clair que ce Bokhtnasar était un lieutenant du roi de Perse en Irak. Le Koresh, roi de Perse, est aussi une fantaisie des Juifs; car le document authentique de l'histoire perse, le Khudâi Nâma, nous donne la liste suivante des rois de Perse depuis Lohrasp jusqu'à Alexandre :

Lohrasp, qui a régné 120 ans.

Gûshtâsp, qui a régné 120 ans; c'est sous Gûshtâsp que le prophète Zoroastre est venu apporter la religion d'Ormazd ; Gûshtâsp avait régné 30 ans quand parut Zoroastre; il régna encore 90 ans après.

Bahman[1], fils d'Isfandyâr, fils de Gûshtâsp, qui régna 120 ans.

Hômâi Cîharâzât, fille de Bahman, qui régna 30 ans.

Dârâ, fils de Hômâi, qui régna 12 ans.

Dârâ, fils de Dârâ, qui régna 14 ans.

Alexandre, le Roumi, qui régna 14 ans.

Dans cette série authentique des grands Rois, point de Kôresh. C'est donc qu'ici encore les Juifs ont pris le lieutenant du roi pour le roi. Mais de qui Bokhtnasar et Kôresh étaient-ils donc les lieutenants? Ici le nom de la reine Esther (Astourieh) est pour le savant Perse un trait de lumière. Quel est le Roi des Rois qui a mis une Juive sur le trône : ce ne peut être que Bahman[2], car on sait de source certaine que Gûshtâsp avait épousé une grecque. Donc l'Esther des Juifs est la Cîharâzâd des textes Pehlvis ; car on a grand tort de faire Hômâi Cîharâzâd une seule et même personne, fille de Bahman : Hômâi, fille de Cîharâzât, faut-il lire[3]. A défaut de Bahman, il se pourrait aussi que ce fût Lohrasp qui aurait épousé la captive Esther[4]; en ce cas, Gûshtâsp serait fils de la Juive et c'est lui qui, par amour pour sa mère, aura délivré les Juifs. Jérusalem a donc été conquise, sous les ordres de Lohrasp, par son lieutenant Nabuchodnosor; et les Juifs ont été renvoyés dans leur patrie, sous les ordres de Gûshtâsp, par les soins de son lieutenant Cyrus.

L'on est moins étonné à présent de lire dans les chroniqueurs

[1] Surnommé plus tard *Dirâzdast*, vague souvenir d'Artaxerxès Longue-main.

[2] De là le surnom de *dirâzdast*, « longue-main », donné à Bahman, Bahman étant identifié, par son mariage avec Esther, avec Assuérus, que, d'autre part, l'on avait identifié à Artaxerxès Longue-main.

[3] Le patronymique s'exprime en pehlvi par simple juxtaposition avec la particule *i* sous-entendue. *Cîharâzâd* est devenu, par l'intermédiaire de l'arabe, Shehrâzâd ; M. de Goeje a récemment reconnu dans cette sœur d'Esther la Shehrâzâd des Mille et Une Nuits.

[4] Appelée aussi Dînâzâd (voir page précédente).

perso-arabes que Zoroastre fut un disciple de Jérémie. Zoroastre a vécu sous Lohrasp et Gûshtâsp ; et c'est précisément l'époque de la captivité des Juifs. Ce rapprochement, ce ne sont point sans doute les Mages qui l'ont suggéré ; ce sont plutôt leurs interlocuteurs juifs : mais il devait faire grande fortune chez les Persans islamisés. On raconta que Zoroastre était un disciple désobéissant du prophète 'Azîz, qui est Jérémie ; 'Azîz pria Dieu, qui défigura Zoroastre ; les enfants d'Israël le chassèrent d'au milieu d'eux et le firent sortir de Jérusalem. Il alla dans l'Irak et de là à Balkh et se présenta comme prophète devant le roi Gûshtâsp [1].

Si l'on cherche quelle fut l'époque la plus favorable pour la formation de ce syncrétisme judéo-persan, quasi-officiel, il ne s'en présente point qui soit plus naturellement indiquée que celle de la reine Shasyân, fille du prince de l'exil.

JAMES DARMESTETER.

[1] Tabari, tr. Zotenberg, I, 499.

VERSAILLES, IMPRIMERIE CERF ET FILS, RUE DUPLESSIS, 59.

www.ingramcontent.com/pod-product-compliance
Ingram Content Group UK Ltd.
Pitfield, Milton Keynes, MK11 3LW, UK
UKHW021021220726
13924UKWH00001B/105